1/72

1/48

Grumman TBF Avenger • Albert Grzywa, Richard Kovalčík
First edition • LUBLIN 2021

Photo credits/zdjęcia: **Richard Kovalčík**, Albert Grzywa, Tom Żmuda
Cover/okładka: **Arkadiusz Wróbel**
Colour profiles/sylwetki barwne: **Zbigniew Kolacha, Arkadiusz Wróbel**
DTP: **KAGERO STUDIO**
Translation/tłumaczenie: **Stanisław Powała-Niedźwiecki**
Proof-reading/korekta: **Stanisław Powała-Niedźwiecki**
Polish proof-reading/korekta polska: **Stanisław Powała-Niedźwiecki**

ISBN:978-83-66673-49-6

Printed in Poland

Other books in this series:/
Pozostałe książki z tej serii:

**KAGERO Publishing** • e-mail: kagero@kagero.pl, marketing@kagero.pl, shop@kagero.pl
Editorial office, Marketing, Distribution: KAGERO Publishing,
Akacjowa 100, os. Borek – Turka, 20-258 Lublin 62, Poland, phone/fax +4881 501 21 05

www.kagero.pl • shop.kagero.pl

# THE DECK

Richard Kovalčík

# AVENGER

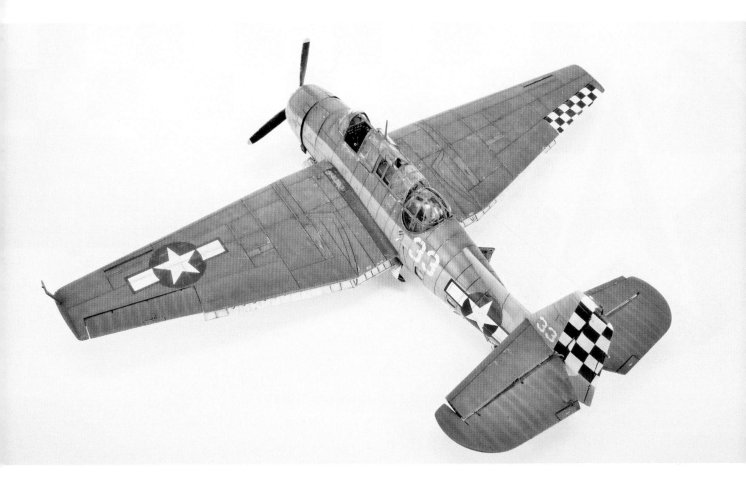

The Grumman TBF Avenger is the most famous American torpedo airplane from the Second World War. The seemingly clumsy machine was very durable and trustworthy, although his debut in the Battle of Midway did not go off well. However, this did not hurt Avenger's "career", since he earned his reputation during the operations in the Pacific region. It is worth noting that these aircrafts were used not only in the United States naval aviation, but also in Great Britain, Australia and Canada. After the Second World War many Avengers were sold to various countries around the world, where they served even until the 1960s.

## Introduction

The aircraft was initially produced exclusively at Grumman factory, but a major part of the general production was later taken over by General Motors (licensed), in which TBM-1 and TBM-3 variants were built.

The Avenger was a single-engine, three-person torpedo and bomb aircraft with the retractable undercarriage. From the beginning, it was designed with the thought of serving on aircraft carriers. What is very characteristic of this aircraft, the torpedo could be completely hidden in the bomb bay under the fuselage. It was a sensation when it comes to torpedo planes in this period of time. In addition, the Avenger was armed with two fixed machine guns installed in the wings, a rotating turret installed in the back of the cabin and a single machine gun in the lower rear of the fuselage.

## Assembly

The Hasegawa model hit the market in the 90s and since then there has been a lot of all kinds of additives, decals and

Grumman TBF Avenger to najsłynniejszy amerykański samolot torpedowy z okresu drugiej wojny światowej. Z pozoru niezgrabna maszyna była bardzo wytrzymała i godna zaufania, choć jej debiut bojowy w bitwie o Midway nie wypadł zbyt dobrze. Nie zaszkodziło to jednak „karierze" Avengera, który mocno zasłużył się podczas działań wojennych w rejonie Pacyfiku. Warto dodać, że samoloty te służyły nie tylko w lotnictwie marynarki wojennej Stanów Zjednoczonych, ale także Wielkiej Brytanii, Australii i Kanady. Po drugiej wojnie światowej wiele Avengerów sprzedano do różnych krajów na całym świecie, gdzie służyły nawet do lat 60.

## Wprowadzenie

Samolot początkowo wytwarzano wyłącznie w zakładach Grummana, ale większą część ogólnej produkcji przejęła potem firma General Motors (na licencji), w której budowano maszyny w wersjach TBM-1 i TBM-3.

Avenger był jednosilnikowym, trzyosobowym samolotem torpedowym i bombowym o wciąganym podwoziu. Od początku był projektowany z myślą o służbie na lotniskowcach. Co bardzo charakterystyczne dla tego samolotu, torpeda mogła być w całości schowana w luku bombowym pod kadłubem. Był to ewenement, jeśli chodzi o samoloty torpedowe w tym okresie. Oprócz tego Avenger był uzbrojony w dwa stałe karabiny maszynowe zainstalowane w skrzydłach, obrotową wieżyczkę strzelecką zainstalowaną z tyłu kabiny oraz pojedynczy karabin maszynowy w dolnej tylnej części kadłuba.

## Montaż

Model Hasegawy trafił na rynek w latach 90. i od tamtego czasu pojawiło się sporo wszelkiego rodzaju dodatków,

conversions provided for this kit. Thanks to this, we can build a truly accurate Avenger in the 1/72 scale. I decided to take full advantage of it, especially since it is one of my favourite planes from the World War II.

So I had to plan big purchases when it comes to accessories for my model. I've decided to buy a large photo-etched sheet from Eduard, masks for painting the canopy, resin engine and exhaust pipes from Quickboost, steering surfaces from KMC, resin wheel bays from Aires, vacu canopies from Pavla and decals from the Superscale and Techmod sets. I also bought a solid monograph from the WWP series. During the construction of the model with such a large number of additives, and hence the extensive modifications, it was necessary to store a variety of polystyrene profiles and sheets of different thicknesses. Moreover, I've prepared some tin and copper wires as well as a number of other materials necessary to build elements from scratch.

I began building the model by honing the convex dividing lines and rivets, following the plans included in the WWP monograph. Then I cut off the control surfaces and the bomb bay door using a Proxon mini-drill equipped with a small cutting disc. It worked perfectly!

A separate chapter in the construction of the model was the fuselage's interior. I've started with the development of the bomb chamber vault, which was also the basis for the floor of the pilot's and the rear gunner's compartment. Eduard's sheet allows you to recreate the chamber in every detail, but I've decided to add a few of my own, especially in the case of hydraulic and electrical conduits. I've also complemented it with transverse structural frames of the fuselage.

I've put a lot of attention to mapping the internal structure. This required the recreation of stringers from plastic profiles that I've glued between the Eduard's pho-

kalkomanii i konwersji przewidzianych do tego zestawu. Dzięki temu mamy możliwość zbudowania naprawdę dokładnej repliki Avengera w skali 1/72. Postanowiłem w pełni z niej skorzystać, zwłaszcza że jest to jeden z moich ulubionych samolotów z okresu II wojny światowej.

Musiałem zatem zaplanować duże zakupy, jeśli chodzi o akcesoria do mojego modelu. Zdecydowałem się dokupić dużą blachę fototrawioną od Eduarda, maski do malowania oszklenia, silnik i rury wydechowe od Quickboosta, powierzchnie sterowe firmy KMC, żywiczne wnęki podwozia od Airesa, owiewkę kabiny z vacu od Pavli oraz kalkomanie z zestawów Superscale i Techmod. Do tego dokupiłem solidną monografię z serii WWP. W trakcie budowy modelu z tak dużą ilością dodatków, a co za tym idzie rozległych przeróbek, niezbędny był również zapas różnorodnych polistyrenowych profili i arkuszy o kilku grubościach. Do tego doszły cynowe i miedziane druty oraz szereg innych materiałów niezbędnych do budowy elementów od podstaw.

Budowę modelu zacząłem od zeszlifowania wypukłych linii podziałowych i wytrasowanie wgłębnych, wzorując się na planach zawartych w monografii WWP. Następnie odciąłem powierzchnie sterowe oraz drzwi komory bombowej za pomocą miniwiertarki Proxona wyposażonej w niewielką tarczę do cięcia. Sprawdziła się doskonale!

Osobnym rozdziałem budowy modelu było odtworzenie wnętrza kadłuba. Zacząłem od opracowania sklepienia komory bombowej, które było jednocześnie podstawą podłogi kabiny pilota i tylnego strzelca. Blacha Eduarda pozwala na odtworzenie komory w każdym detalu, ale i tak nie omieszkałem dodać kilku własnych, zwłaszcza w przypadku przewodów hydraulicznych i elektrycznych. Uzupełniłem ją również o poprzeczne wręgi konstrukcyjne kadłuba.

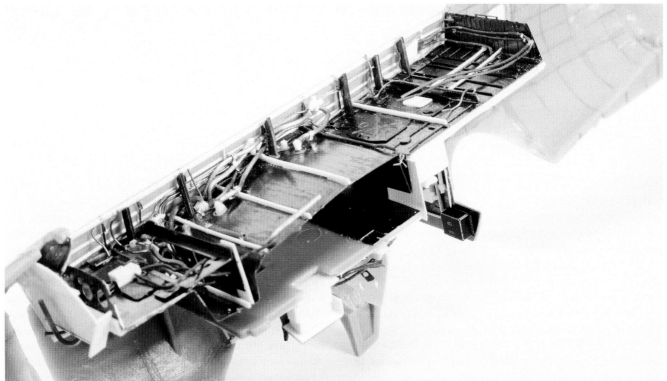

to-etched frames. I've also added a number of other pieces of equipment: boxes, installations, radios, etc. All of them were connected to each other with a whole bunch of wires and cables, which I've recreated with the help of copper and lead wires of different diameters. The small details of the photo-etched plate perfectly complemented the whole thing, giving even more realism to the interior of the aircraft. I've made a lot of elements from scratch, basing on photos of original machines and drawings from monographs.

The base of the turret was made almost entirely from Eduard's PE set. Again, however, I've added a number of details on my own, in order to reproduce the original as faithfully as possible. Once again, various cables and small fragments of a cut polystyrene sheet went into motion.

After a few weeks of work, I was finally able to take on the interior painting. Firstly, I've covered the metal elements with the Mr.Metal Primer, so that the paint would better adhere to the surface. Then I've painted all the elements with black foundation from Gunze. I've made a green color for

Sporo uwagi poświęciłem odwzorowaniu wewnętrznej struktury kadłuba. Wymagało to odtworzenia podłużnic z plastikowych profili, które wklejałem pomiędzy eduardowskie fototrawione wręgi. Dodałem również szereg innych elementów wyposażenia: skrzynki, instalacje, radia itp. Wszystko to było ze sobą połączone całą masą przewodów i kabli, które odtworzyłem za pomocą miedzianych i ołowianych drutów o różnych średnicach. Drobne detale z blaszki fototrawionej doskonale uzupełniły całość, nadając jeszcze większego realizmu wnętrzu samolotu. Sporo elementów wykonałem jednak od podstaw, bazując na zdjęciach oryginalnych maszyn i rysunkach z monografii.

Podstawa wieżyczki strzeleckiej powstała niemal w całości z elementów fototrawionych od Eduarda. Ponownie jednak dodałem szereg detali we własnym zakresie, aby jak najwierniej odtworzyć oryginał. Kolejny raz w ruch poszły różne kabelki i drobne fragmenty przyciętego arkusza polistyrenu.

Po kilku tygodniach pracy mogłem wreszcie wziąć się za malowanie wnętrza. Elementy metalowe pokryłem najpierw specyfikiem Mr.Metal Primer, aby farba lepiej do nich

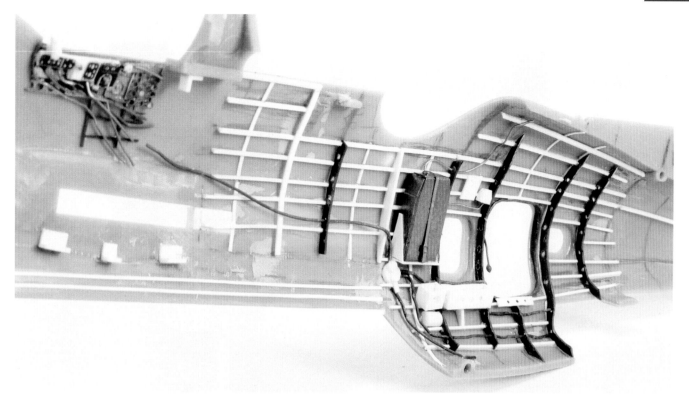

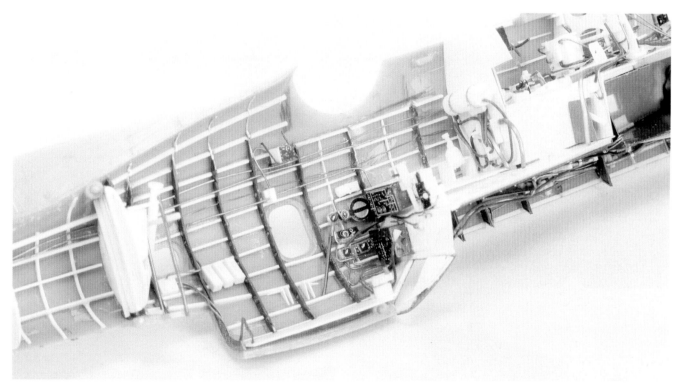

the interior from a mixture of Tamiya XF-4 Yellow Green and black XF-1 in a 5:1 ratio.

After the paint had dried, I've poured the dark wash into all corners of the structure, thanks to which the details were nicely highlighted and emphasized. After that, I've painted the details with acrylic paints from the AMMO MIG palette.

Before finally gluing the fuselage it was also necessary to add some details to the resin engine from the Quickboost set. Meanwhile, from the a spare-parts box, I've picked up a propeller from the Tamiya Corsair, which I planned to use in my Avenger.

Due to the fact that I've planned to replace the control surfaces with resin substitutes, I've recreated the internal

przywierała. Następnie wszystkie elementy pomalowałem czarnym podkładem od Gunze. Zielony kolor do wnętrza wykonałem z mieszanki Tamiya XF-4 Yellow Green oraz czarnej XF-1 w proporcji 5:1.

Po wyschnięciu farby zapuściłem ciemnego washa we wszelkie zakamarki konstrukcji, dzięki czemu detale zostały ładnie zaznaczone i uwypuklone. Malowałem je akrylowymi farbami z palety AMMO MIG.

Przed ostatecznym sklejeniem kadłuba niezbędne było również dodanie kilku detali do żywicznego silnika z zestawu Quickboosta. W międzyczasie wyszperałem w magazynku części zamiennych śmigło od tamiyowskiego Corsaira, które planowałem wykorzystać w swoim Avengerze.

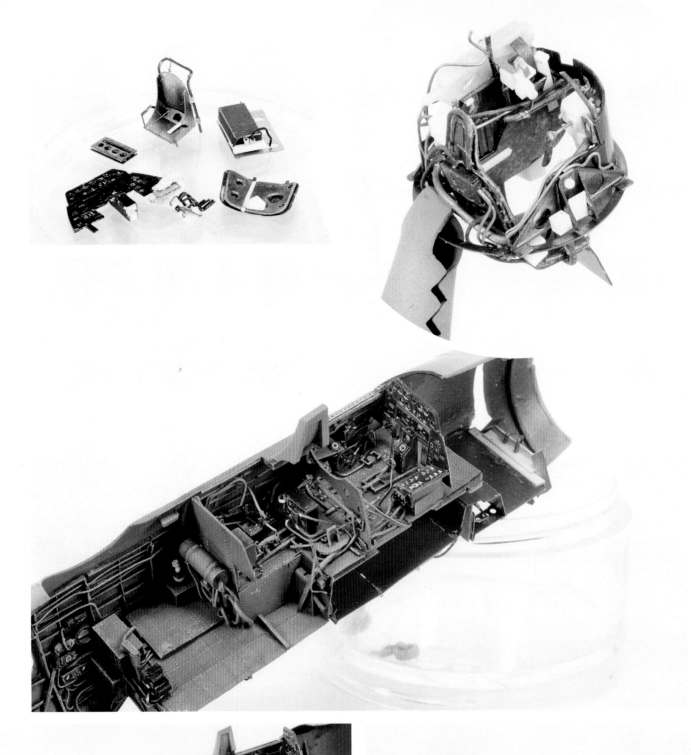

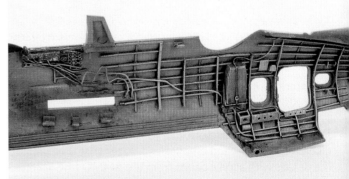

structure of horizontal and vertical stabilizers. The steering surfaces from the KMC fit perfectly, just like the ailerons. A lot of patience and effort cost the restoration of the main undercarriage bays. There are a lot of details here, photo-etched, but I had to build some elements from scratch, especially in

W związku z tym, że planowałem wymianę powierzchni sterowych na żywiczne zamienniki, odtworzyłem wewnętrzną konstrukcję stateczników poziomych i pionowego. Same stery z zestawu KMC pasowały idealnie, podobnie jak lotki. Wiele cierpliwości i wysiłku kosztowało za to odtworzenie wnęk podwozia

the case of the internal structure of the wing. The Avenger was starting to look better, but I still had a lot of work to do.

The attractive-looking cockpit, unfortunately, is largely obscured by canopies. For the glazing to be as transparent as possible, initially I wanted to use a set of vacu fairings from Pavla, but it turned out that it was designed for the old Academy model. Therefore, I installed only the sliding frames with glazing over the pilot's cabin and the radio compartment. The windscreen comes from the Hasegawa base kit. However, the most problems were with the rear turret windows. Those from base kit were completely unsuitable. I've decided to make my own "greenhouse", forming it with the vacuum technique. For the matrix, I've used the element from set and formed the new canopy with help of the vacuum cleaner.

After masking the windows, I've washed the entire model with Cif liquid with microgranules, and then laid the layer of the foundation. Then I've polished all unfinished welds and riveted the whole model. Steering surfaces were covered with convex rivets from the HGW's universal set. They are applied like decals, except that the detail is reflected (transferred) to the surface on the principle of a stamp, and not slipped off the paper. Unfortunately, the effect has disappointed me a bit. I expected that after painting the rivets would be clearly visible, but the paint layer covered them effectively.

## Painting

I always start the painting process from the lower surfaces. In the case of the Avenger, I've used paint from the Tamiya's palette, which I diluted with a dedicated thinner.

głównego. Sporo detali oferuje tutaj blaszka fototrawiona, ale część elementów musiałem zbudować od podstaw, zwłaszcza w przypadku wewnętrznej struktury skrzydła. Avenger zaczynał wyglądać coraz lepiej, ale wciąż czekało mnie dużo pracy.

Atrakcyjnie wyglądający kokpit niestety w większej części jest zasłonięty przez owiewki. Aby oszklenie było jak najbardziej przejrzyste, początkowo chciałem wykorzystać zestaw owiewek z vacu od Pavli, ale okazało się, że był on projektowany do starego modelu Academy. W związku z tym zamontowałem jedynie odsuwane ramy z oszkleniem nad kabiną pilota i przedziałem radiowym. Wiatrochron pochodzi z zestawu wyjściowego Hasegawy. Najwięcej problemów miałem jednak z oszkleniem wieżyczki strzeleckiej. To z zestawu zupełnie się nie nadawało. Postanowiłem wykonać własną „szklarnię", formując ją próżniowo za pomocą skonstruowanego we własnym zakresie kopyta (na bazie elementu z zestawu) oraz odkurzacza.

Po zamaskowaniu oszklenia przemyłem cały model płynem Cif z mikrogranulkami, po czym położyłem warstwę podkładu. Następnie wyszlifowałem wszelkie niedopracowane spoiny i przenitowałem cały model. Powierzchnie sterowe okleiłem wypukłymi nitami z uniwersalnego zestawu od HGW. Nakłada się je podobnie jak kalkomanie, z tym że detal odbijamy (transferujemy) na powierzchnię na zasadzie stempla, a nie zsuwamy z papieru. Niestety efekt nieco mnie zawiódł. Spodziewałem się, że po malowaniu nity będą wyraźnie widoczne, ale warstwa farby skutecznie je przykryła.

## Malowanie

Malowanie modelu zawsze zaczynam od dolnych powierzchni. W przypadku Avengera wykorzystałem farby

I've also added a little bit of the gloss varnish to the mixes and a retarder from the same manufacturer.

Avenger's camouflages weren't too "flashy", but I've managed to chose the painting which seemed to be a bit more attractive, because of the black and white chequers on the rudder and the right aileron. It was a plane from the aircraft carrier USS "Independence", serving in the VT-46 torpedo squadron.

The bottom surfaces were painted with white Tamiya XF-2 with a touch of a few drops of gray paint. Before painting the upper and side surfaces, I've sketched the chessboard pattern, which I've cut from the pieces of tape and stuck on the rudder and right aileron. It was quite an arduous task, but the effect fully rewards the effort and is better than decals. After masking the bottom and chequers, I've could take on the upper colors of the camouflage. The lighter shade of blue (USN Intermediate Blue ANA 608) was made from a mixture of Tamiya XF-18 and XF-2 paints in a 5:3 ratio. The upper surfaces (USN Non-Spec. Sea Blue ANA 607) are a mixture of XF-17, XF-8 and XF-2 in a 5:3:2 ratio. The addition of white was necessary, because the colors will gently darken at the next stages of painting.

Then I've applied irregular, small spots of lightened camouflage to the whole surface of the model. Irregularity was very important here, because focusing only on the middle parts of the panels would not give a natural effect.

I still had to paint the black rubber pavements on the wings just next to the fuselage's cockpit area. I've started by applying a silver-gray undercoat, to which I've applied a layer of Worn Effect from AK-Interactive. Then I've painted the pavements with black paint, after which I began to gently rub it with a flat brush dampened in water. Silver undercoat started to surfacing from underneath, creating realistic grazes.

Because I've added a glossy varnish to the camouflage colors, there was no need to varnish the model before the wash. I've used the dark wash from the AMMO MIG offer.

z palety Tamiyi, które rozcieńczałem przeznaczonym do tego thinnerem. Do mieszanek dodawałem również nieco błyszczącego lakieru bezbarwnego oraz opóźniacza tego samego producenta.

Spośród niezbyt „krzykliwych" kamuflaży Avengera wybrałem malowanie, które wydawało mi się nieco bardziej atrakcyjne, a to ze względu na czarno-białą szachownicę na sterze kierunku i prawej lotce. Był to samolot z lotniskowca USS „Independence", służący w składzie dywizjonu torpedowego VT-46.

Dolne powierzchnie modelu pomalowałem bielą Tamiya XF-2 z domieszką kilku kropel szarej farby. Przed pomalowaniem górnych i bocznych powierzchni naszkicowałem wzór szachownicy, którą następnie wyciąłem z kawałków taśmy i nakleiłem na ster kierunku oraz lotkę. Było to dość żmudne zadanie, ale efekt w pełni wynagradza wysiłek i jest lepszy, niż gdyby wykorzystać do tego kalkomanie. Po zamaskowaniu spodu i szachownic mogłem wziąć się za górne kolory kamuflażu. Jaśniejszy odcień niebieskiego (USN Intermediate Blue ANA 608) powstał z mieszanki farb Tamiya XF-18 i XF-2 w proporcji 5:3. Górne powierzchnie (USN Non-Spec. Sea Blue ANA 607) to mieszanka farb XF-17, XF-8 i XF-2 w proporcji 5:3:2. Dodatek bieli był konieczny, ponieważ kolory i tak delikatnie ściemnieją na kolejnych etapach prac malarskich.

Następnie na całą powierzchnię modelu nanosiłem nieregularne, małe plamki rozjaśnionego koloru kamuflażu. Nieregularność była tutaj bardzo ważna, bo skupienie się wyłącznie na środkowych częściach paneli dałoby niezbyt naturalny efekt.

Pozostało jeszcze namalować czarne gumowane chodniki dla załogi zainstalowane na skrzydłach tuż przy kadłubie. Zacząłem od naniesienia w ich miejscach srebrno-szarego podkładu, na który naniosłem warstwę Worn Effect od AK-Interactive. Następnie pomalowałem chodniki czarną farbą, po czym zacząłem delikatnie ją ścierać za pomocą pła-

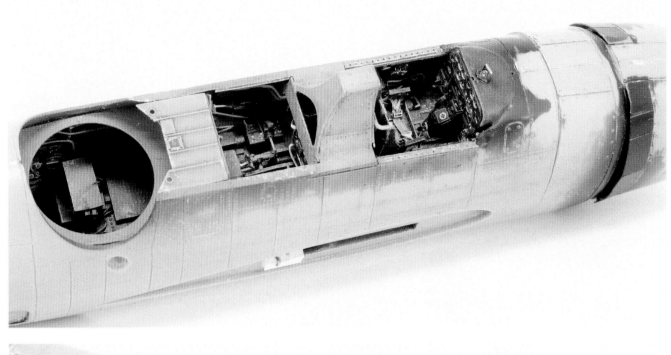

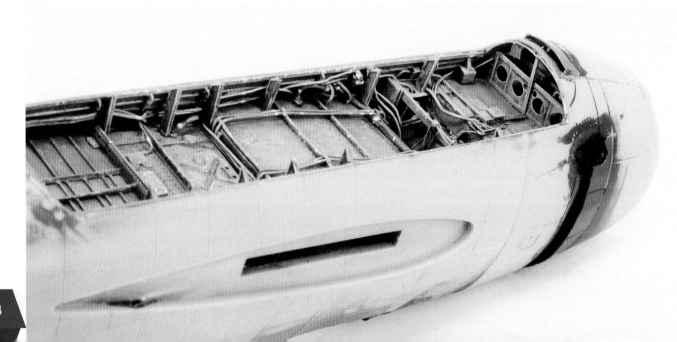

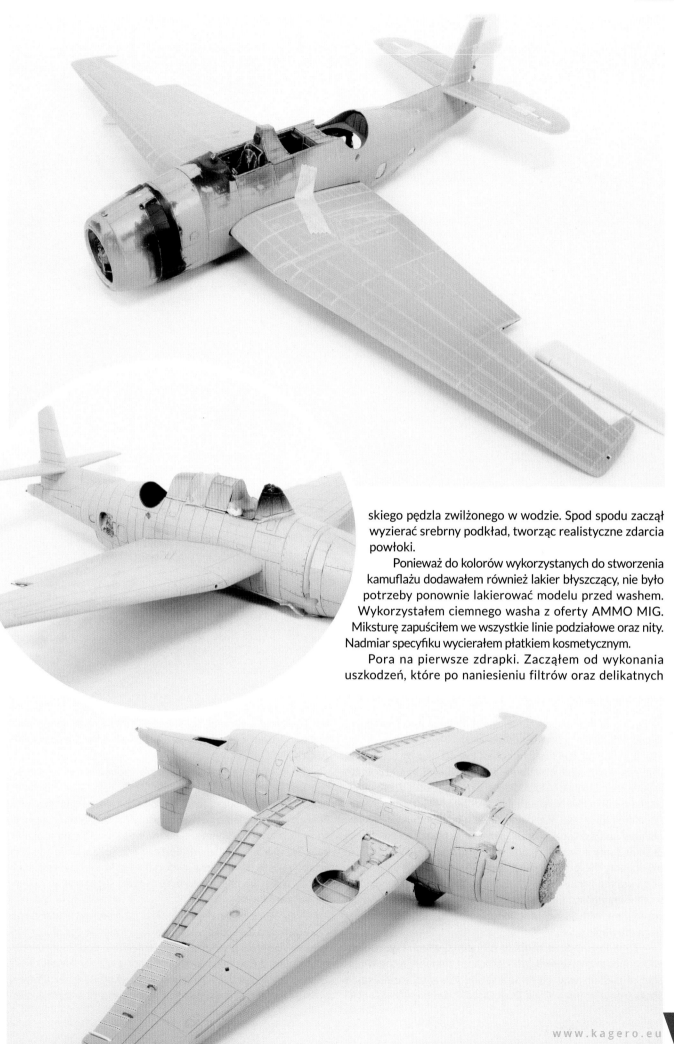

skiego pędzla zwilżonego w wodzie. Spod spodu zaczął wyzierać srebrny podkład, tworząc realistyczne zdarcia powłoki.

Ponieważ do kolorów wykorzystanych do stworzenia kamuflażu dodawałem również lakier błyszczący, nie było potrzeby ponownie lakierować modelu przed washem. Wykorzystałem ciemnego washa z oferty AMMO MIG. Miksturę zapuściłem we wszystkie linie podziałowe oraz nity. Nadmiar specyfiku wycierałem płatkiem kosmetycznym.

Pora na pierwsze zdrapki. Zacząłem od wykonania uszkodzeń, które po naniesieniu filtrów oraz delikatnych

I've poured the mixture in all dividing lines and rivets and wiped off the excess with a cotton pad.

It's time for the first scratches. I've started by recreating those paint damages, which after applying the filters and delicate wash were supposed to look older and more subdued. I've painted them with a thin brush using the AMMO MIG paints.

After this stage, I've painted the model with a glossy varnish and applied decals. I've used markings from Superscale and Techmod sets. American stars come from the Kits World set. In my opinion, these are the best decals I've ever dealt with. After applying the Mr.Setter and Mr.Softer liquids the decals perfectly blended into the surface of the model. At the end, I've secured them with a layer of a mixture of matte and satin lacquer from the Microscale.

Then I've applied spots of oil paints, which I've rubbed with a brush moistened in a dedicated thinner in the direction of the air flow. Here and there, I've also added some spots from Rainmarks and Dust Effect from the AMMO MIG

washy miały wyglądać na starsze i bardziej przytłumione. Namalowałem je cienkim pędzelkiem, stosując farby z palety AMMO MIG.

Po tym etapie pomalowałem model lakierem błyszczącym i naniosłem kalkomanie. Wykorzystałem oznaczenia z zestawów Superscale oraz Techmodu. Amerykańskie kokardy pochodzą z zestawu Kits World. Według mnie są to najlepsze kalkomanie, z jakimi miałem do czynienia. Po zaaplikowaniu płynów Mr.Setter i Mr.Softer kalki idealnie wtopiły się w powierzchnię modelu. Na koniec zabezpieczyłem je warstwą mieszanki matowego i satynowego lakieru od Microscale.

Następnie naniosłem plamki z farb olejnych, które rozcierałem pędzelkiem zwilżonym w thinnerze zgodnie z kierunkiem opływu powietrza. Gdzieniegdzie dodałem również nieco plam z Rainmarks i Dust Effect z oferty AMMO MIG. Okopcenia za rurami wydechowymi wykonałem aerografem, stosując mocno rozcieńczoną alkoholem mieszankę czer-

offer. I've made the smoke behind the exhaust pipes with an airbrush, using a mixture of black and brown, strongly diluted with alcohol. The stains from fuel and oil were created from various AMMO MIG paints.

At the end of construction there is always a lot to do. Usually minor painting corrections are necessary, and many elements are still waiting for the final assembly. After attaching the flaps, the undercarriage legs and other details, the model was harder and harder to handle safely. Fortunately, after mounting the antenna cable made from the Uschi van der Rosten stretch cord, I could have considered the Avenger as finished. After eleven months of work!

## Summary

Although the construction took me almost a year, it was a great pleasure for me. Fortunately, the output set does not cause problems when it comes to the general assembly. On the other hand, such a large amount of additives has forced a lot of work and many modifications. The cockpit was the biggest challenge for me, but working on it gave me a lot of satisfaction, because I like this type of workshop. It's true that many details are not visible in the end, but it does not bother me.

A few weeks after completing the Avenger construction I've prepared a simple stand. It is a fragment of the deck from the Eduard offer. Figures came from CMK and Star Model sets. I've completed the whole scene with an onboard tractor.

ni i brązu. Zacieki z paliwa i oleju powstały z różnych farb AMMO MIG.

Pod koniec budowy zawsze jest sporo do zrobienia. Zazwyczaj konieczne są drobne poprawki malarskie, a sporo elementów wciąż czeka na ostateczne zamontowanie. Po doklejeniu klap, goleni podwozia i pozostałych detali modelem było coraz trudniej bezpiecznie manipulować. Na szczęście po doklejeniu kabla anteny wykonanego z rozciągliwej linki firmy Uschi van der Rosten mogłem uznać Avengera za skończonego. Po jedenastu miesiącach pracy!

## Podsumowanie

Choć budowa zajęła mi prawie rok, to była dla mnie dużą przyjemnością. Na szczęście zestaw wyjściowy nie przysparza problemów, jeśli chodzi o spasowanie i ogólny montaż. Z drugiej strony tak duża ilość dodatków wymusiła sporo pracy i wiele przeróbek. Największym wyzwaniem był dla mnie kokpit, ale praca przy nim dała mi dużo satysfakcji, bo bardzo lubię tego typu przedsięwzięcia warsztatowe. To prawda, że wiele detali nie jest widoczna w końcowym rozrachunku, ale nie przeszkadza mi to.

Kilka tygodni po skończeniu budowy Avengera przygotowałem prostą podstawkę. Jest to fragment pokładu z oferty Eduarda. Figurki pochodzą z zestawów CMK i Star Model. Całość sceny uzupełniłem pokładowym ciągnikiem.

**Used sets/wykorzystane zestawy:**
- TBM-3 Avenger, scale/skala 1/72, Hasegawa catalogue no./nr kat. 51394,
- PE parts/elementy fototrawione Eduard catalogue no./nr kat. 72199,
- Resin engine/żywiczny silnik Quickboost catalogue no./nr kat. 72053,
- Resin exhaust/żywiczne wydechy Quickboost catalogue no./nr kat. 72102,
- Resin control surfaces/żywiczne powierzchnie sterowe KMC catalogue no./nr kat. 7009,
- Vacu canopy/owiewka vacu Pavla
- Decals/kalkomanie SuperScale catalogue no./nr kat. 72801.

**Used paints and other chemicals/wykorzystana chemia:**
- Paints/farby: Tamiya: Yellow Green (XF-4), Black (XF-1), Flat White (XF-2), Gunze C2 Silver; Tamiya: Medium Blue (XF-18), Flat White (XF-2), Medium Blue (XF-18), Sea Blue (XF-17), Flat Blue (XF-8),
- Lacquers/lakiery: Microscale Micro Coat Flat (MI-3), Microscale Micro Satin Coat (MI-5),
- Chemicals/chemia: AK-Interactive: Worn Effects (AK088); Ammo Mig: Rainmarks Effects (A.MIG-1208), Light Dust Effect (A.MIG-1401), Fresh Engine Oil (A.MIG-1408),
- Mr.Metal Primer Gunze (MP242),
- Decal liquids/płyny do kalkomanii: Gunze Mr.Mark Setter, Mr.Mark Softer.

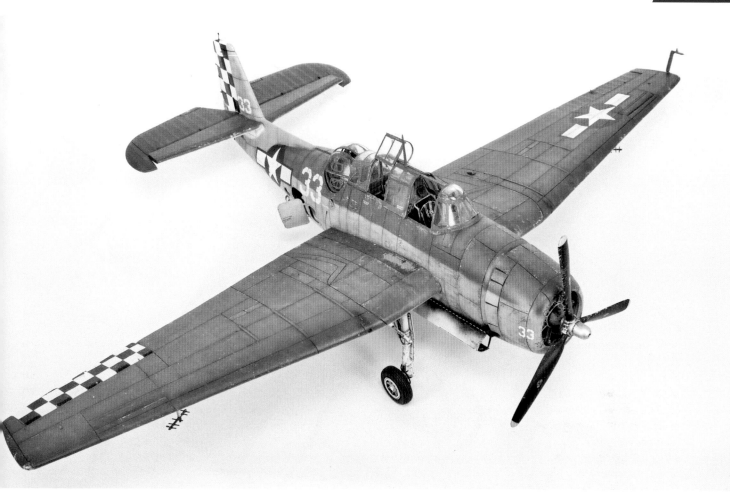

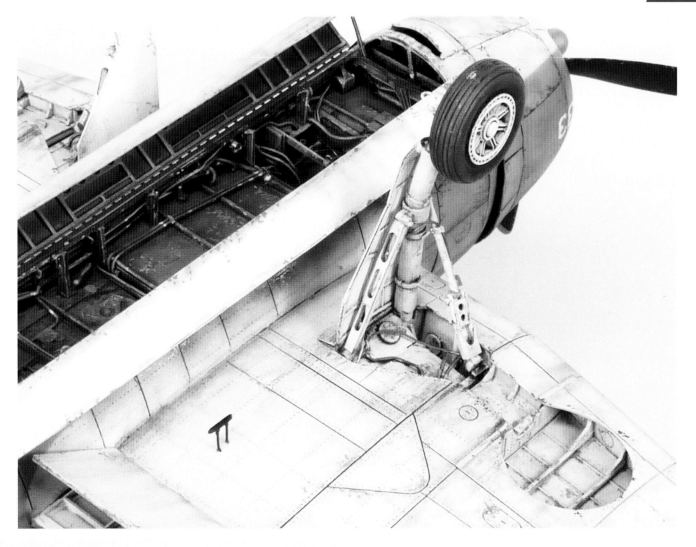

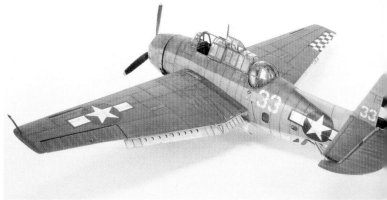

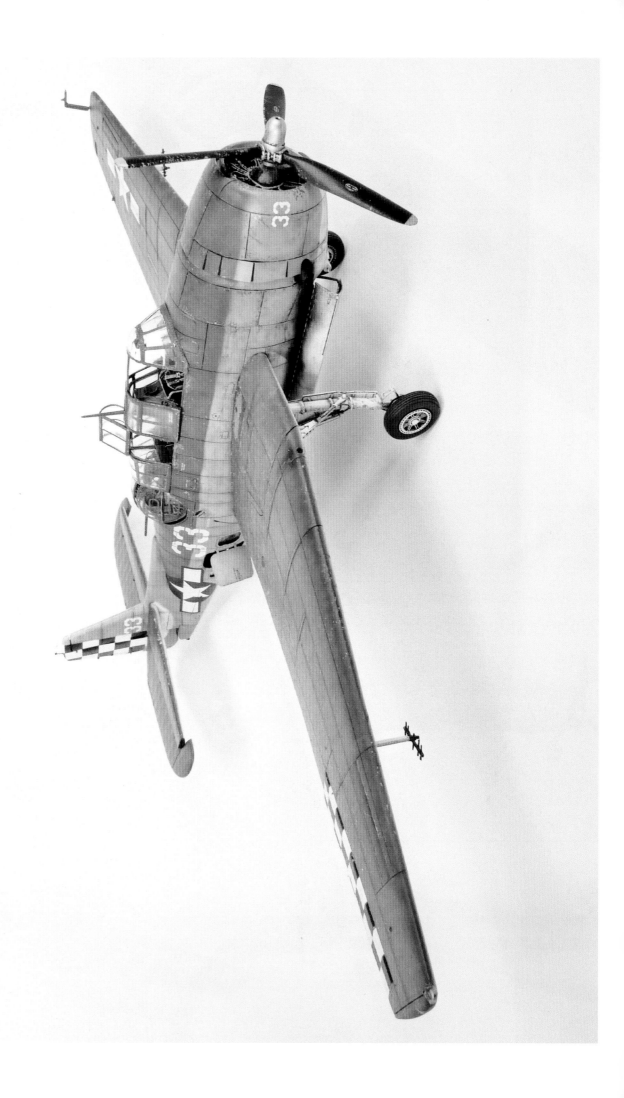

# THE TBM-3

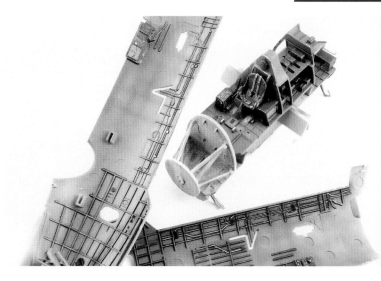

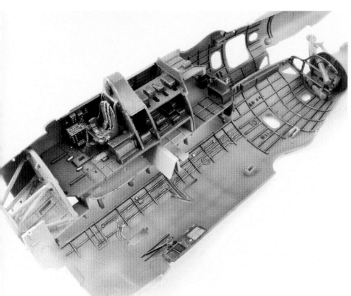

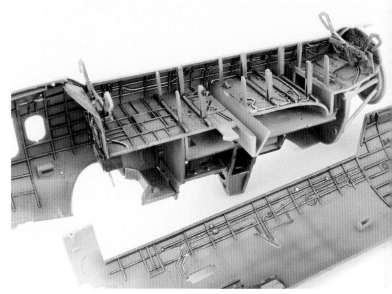

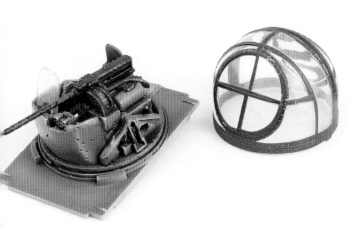

details. Thanks to this, this very visible element of the plane took on a completely different look. Of course, I had to tinker with it a bit, but after few minutes of work with thin wires it was ready for painting. The silverware and some light brown in conjunction with the light gray did the trick. I've washed the whole thing with Engine & Turbines Wash (AK2033).

Hobby Boss designed the wings so that they do not need to be glued to the fuselage (probably the only thing that HB surprised me positively). So, I've decided that I would not paint the model after assembling it into one block and

zostały sklejone, przyszła pora na silnik. Postanowiłem wymienić ten z zestawu na produkt Quickboosta i nie żałuję. Żywiczny zamiennik jest o wiele lepszy, ma wyraźniejsze oraz bogatsze detale. Dzięki temu ten jakże widoczny element samolotu nabrał całkowicie innego wyglądu. Oczywiście musiałem troszeczkę przy nim podłubać, ale kilka minut operowania cienkimi drucikami w zupełności wystarczyło, żeby przejść do malowania. Sreberko oraz jakiś jasny brąz na spółkę z jasnoszarym załatwił sprawę. Całość zwashowałem płynem Engine & Turbines Wash (AK2033).

Hobby Boss zaprojektował skrzydła tak, że nie trzeba ich kleć do kadłuba (chyba jedyna rzecz, którą HB zaskoczył mnie pozytywnie). Postanowiłem więc, że nie będę malował modelu po zmontowaniu go w jedną bryłę i pomaluję poszczególne elementy osobno. I tak oddzielnie malowałem skrzydła i oddzielnie kadłub. Sam patent bardzo mi się spodobał, ułatwił pracę i skrócił czas malowania.

## Malowanie

Pierwszy etap to kilkukolorowy preshading. Odtwarzany przeze mnie Avenger miał kamuflaż jednolity (bez żadnych plam i łat), dlatego aby ciekawiej pokazać zużycie powierzchni, najlepiej pod kolor bazowy zastosować zamiast czerni czy brązów mix różnych odcieni farb. W zależności od tego, co chcemy osiągnąć, należy wybrać kilka kolorów

I would paint individual elements separately. I've painted the wings and fuselage separately. I really liked this patent, it made my work easier and shortened the painting time.

## Painting

The first stage is multi-color preshading. The Avenger I was planning had a uniform camouflage (without any camouflage patches), so to show the surface wear more interestingly, it is best to use a mix of different shades of paint instead of black or brown under the base color. Depending on what you want to achieve, choose several colors and paint individual panels and sheet dividing lines accordingly. In this case, I've used browns (dark and light), cream, gray and black. This method requires a little more dedication in the initial phase, but the end result is much more interesting. When painting the lower surfaces, at the beginning I've used gray Gunze C315, only then I've used white to brighten individual elements of the plating. Of course, in order not to paint over what we did earlier, the paint must be properly thinned. Light blue – Gunze C366 – I put on without much combining, only later some places and lines were darkened with a darker shade. The upper surfaces of the wings and fuselage were painted with Gunze C365. I've started painting with a slight lightening of the paint, and then placing two layers of it on the entire model. With the third layer,

i odpowiednio pomalować poszczególne panele oraz linie podziału blach. Ja w tym przypadku użyłem brązów (ciemnego i jasnego), kremowego, szarego oraz czerni. Ta metoda w początkowej jej fazie wymaga trochę więcej poświęcenia, jednak efekt końcowy jest zdecydowanie ciekawszy. Malując dolne powierzchnie, na początku jako pierwszą użyłem szarą Gunze C315, dopiero później za pomocą białej rozjaśniałem poszczególne elementy poszycia. Oczywiście, aby nie zamalować tego, co zrobiliśmy wcześniej, farba musi być odpowiednio rozcieńczona, a jej warstwy cienkie. Jasnoniebieski, czyli Gunze C366, położyłem bez większego kombinowania, jedynie później niektóre miejsca i linie jeszcze przyciemniłem ciemniejszym odcieniem. Górne powierzchnie skrzydeł oraz kadłuba to Gunze C365. Malowanie rozpocząłem od delikatnego rozjaśnienia farby, a następnie położenia dwóch jej warstw na cały model. Trzecią warstwą malowałem tylko wybrane miejsca, omijając poszczególne panele, dzięki temu powstały wszelkiej maści wypłowienia. Na sam koniec już „oryginalną" – czyli nierozjaśnianą farbą – pomalowałem poszczególne kreski oraz fragmenty paneli, dzięki czemu kolor całej górnej powierzchni skrzydeł w tej fazie budowy był mocno zróżnicowany.

Wybór malowania nie był przypadkowy. Hobby Boss zawalił sprawę zarówno w kwestii malowań, jak i tego, co zawierały kalkomanie, dlatego zdecydowałem się sięgnąć po kalki dodane do serii Top Shots TBM-3 Avenger wydaw-

Grumman TBF-1 Avenger (BuNo 00380, side number 8-T-1) of Torpedo Squadron 8 (VT-8) during the Battle of Midway on 24th of June, 1942.

Grumman TBF-1 Avenger (nr seryjny BuNo 00380, numer boczny 8-T-1) z 8 Dywizjonu Torpedowego (VT-8) podczas bitwy o Midway, 24 czerwca 1942 r. [Arkadiusz Wróbel]

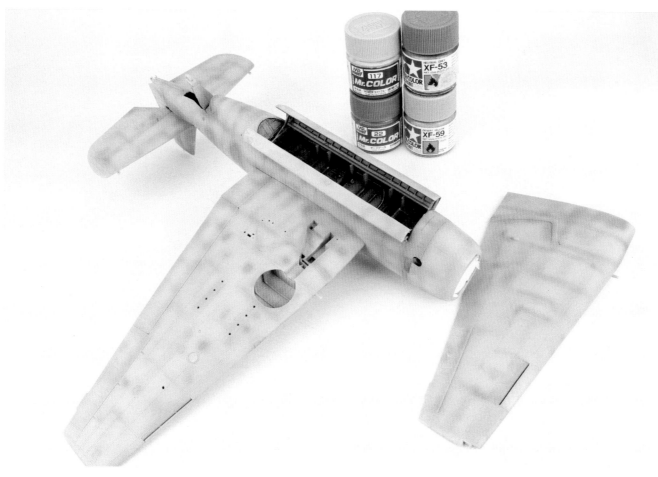

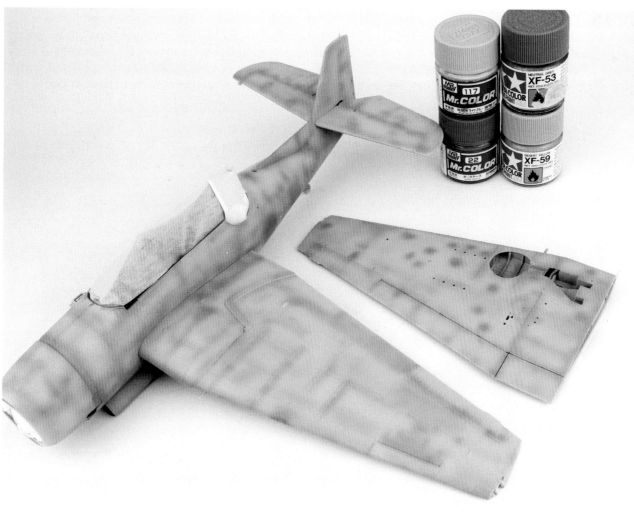

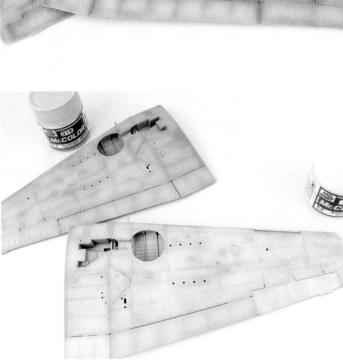

I've painted only selected places, avoiding individual panels, which resulted in all kinds of fading. At the end, with the "original" – that is, with non-lightened paint – I've painted individual lines and parts of the panels, thanks to which the color of the entire upper surface of the wings at this stage of construction was very diverse.

The choice of painting was not accidental. Hobby Boss broke it down both in terms of painting and what was included on the decal sheet, so I've decided to reach for the markings added to the Top Shots TBM-3 Avenger series from Kagero. As a standard, the films were put on a shiny surface and treated with Gunze liquids, so they "sat" as they

nictwa Kagero. Standardowo kładzione na błyszczącą powierzchnię i potraktowane płynami firmy Gunze filmy ułożyły się tak jak powinny. Na koniec oczywiście zabezpieczyłem wszystko, po raz kolejny używając błyszczącego lakieru.

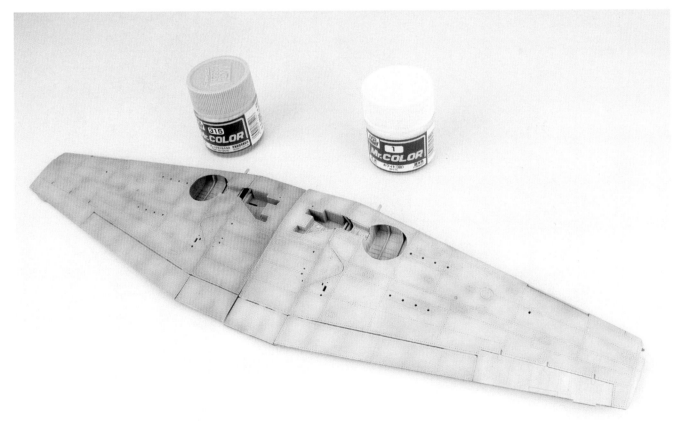

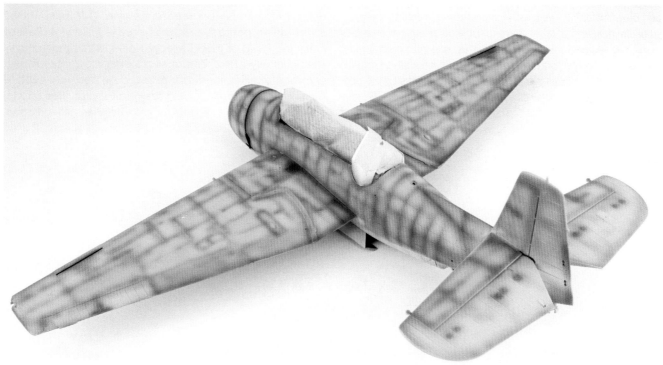

should. Finally, of course, I've secured everything, once again using glossy varnish.

## Weathering

Time to get dirty. Traditionally, at the beginning, I've washed the surface. For this purpose the entire model, both the lower and the upper cavities, was flooded with Paneliner Gray

## Weathering

Czas na brudzenie. Tradycyjnie początek to wash powierzchni, w tym celu całość modelu, zarówno dolne, jak i górne zagłębienia, zalałem Panelinerem Grey and Blue (AK2072). Washa starałem się nakładać jedynie na miejsca wgłębień, tak by później jak najmniej rozcierać specyfik. Następnie po raz kolejny zabezpieczyłem mo-

and Blue (AK2072). I've tried to apply the wash only to the places of cavities, so that later I have to rub it off as little as possible. Then, I've secured the model again, this time with a semi-matt varnish. I've made scratches of the paint with a silver crayon and a pencil. Patent as old as the world, and thanks to the precision of application, you can get an interesting effect. Before I've started drawing with a crayon, I've first rubbed the selected places with a brush moistened with White Spirit, thanks to

del, tym razem lakierem półmatowym. Odrapania farby zrobiłem za pomocą srebrnej kredki i ołówka. Patent stary jak świat, a dzięki precyzji nakładania można uzyskać ciekawy efekt. Zanim zacząłem rysowanie kredką, wybrane miejsca najpierw przetarłem pędzlem zwilżonym w White Spiricie, dzięki czemu zdecydowanie łatwiej aplikować srebrny rysik. Aby zróżnicować zabrudzenia, pewne elementy poszycia, a zwłaszcza te znajdujące się

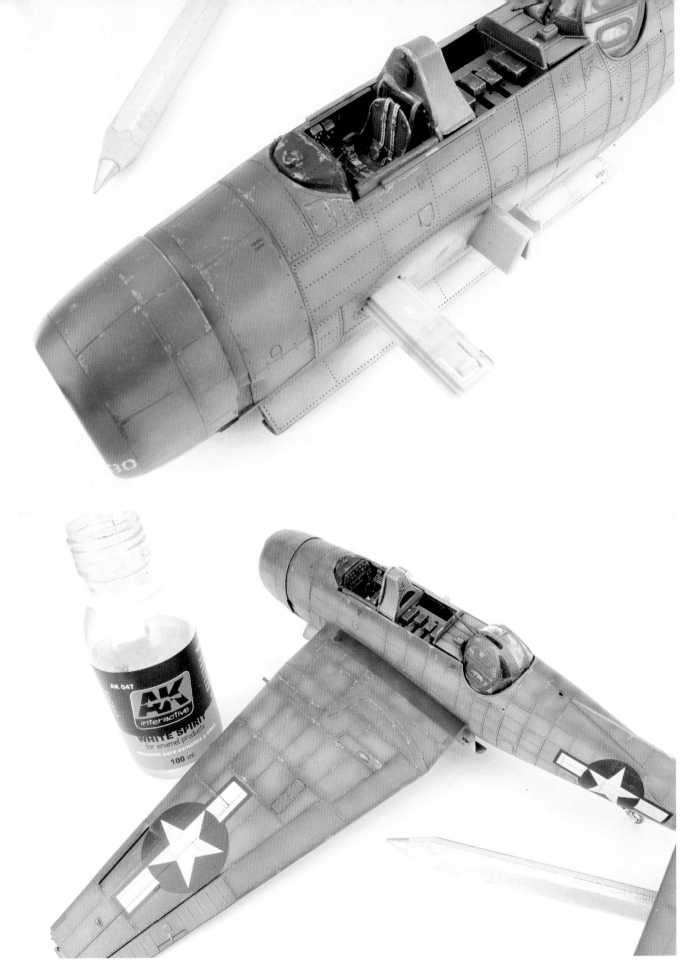

which it is much easier to apply a silver stylus. To differentiate the dirt, I've painted some parts of the plating, especially those closest to the fuselage, with a mixture of browns and black. Then, with a cotton swab, I've rubbed the paint in accordance with the movement of the flowing air. Finally, using a brush, I've

najbliżej kadłuba, pomalowałem mieszanką brązów i czerni. Następnie patyczkiem higienicznym rozcierałem farbę zgodnie z ruchem opływającego skrzydła powietrza. Na sam koniec na dolnych powierzchniach pędzlem namalowałem zacieki i większe zabrudzenia, które później po-

painted the stains and larger dirt on the lower surfaces which I later shaded with an airbrush. I've made imitations of the soot by first painting them with RLM 66 (Gunze C116), and then brightening them with a light gray color. I've decided to replace the exhaust tips themselves with a Quickboost product. Resin exhausts are definitely thinner and with better detail, and they fit perfectly into the model, although they were intended for the AM set. The wheels also went to the basket, because they were of relatively poor quality. I've exchanged them for a DEF Model product, which is undoubtedly worth the price.

The last stage of work wad gluing the previously prepared small elements, including rockets and under-wing fuel tanks, which gave the machine its character. This is how the TBM-3 Avenger was born. A beautiful plane with an amazing silhouette and an interesting story.

cieniowałem aerografem. Imitacje okopceń wykonałem, malując je najpierw RLM 66, czyli Gunze C116, później zaś rozjaśniając jasnoszarym kolorem. Same końcówki wydechów postanowiłem wymienić na produkt Quickboosta. Żywiczne wydechy są zdecydowanie cieńsze i z lepszym detalem, a do tego idealnie wpasowały się w model, choć były przeznaczone do zestawu AM. Do kosza poszły również koła, bo były stosunkowo słabej jakości. Wymieniłem je na wyrób firmy DEF Model, które bez cienia wątpliwości warte są swojej ceny.

Ostatni etap prac to doklejanie wcześniej przygotowanych drobnych elementów, w tym rakiet oraz podskrzydłowych zbiorników paliwa, które nadały charakteru maszynie. W taki oto sposób powstał TBM-3 Avenger. Piękny samolot z niesamowitą sylwetką oraz ciekawą historią.

**Used sets/wykorzystane zestawy:**

– TBM-3 Avenger, scale/skala 1/48, Hobby Boss catalogue no./nr kat. 80325,
– PE parts/elementy fototrawione Eduard catalogue no./nr kat. FE457,
– Resin engine/żywiczny silnik Quickboost catalogue no./nr kat. 48524,
– Resin exhausts/żywiczne wydechy Quickboost catalogue no./nr kat. 48103,
– Resin wheels/żywiczne koła DEF Model catalogue no./nr kat. 48001.

**Used paints and other chemicals/wykorzystana chemia:**

– Paints/farby: Gunze: Interior Green (H58), Aircraft Grey Green (C364), Intermediate Blue (C366), Gray (C315), Gloss Sea Blue (365), Black Grey (C116),
– Chemicals/chemia: AK-Interactive: Shafts & Bearing (AK2032), Track Wash (AK083), Engine & Turbines Wash (AK2033), Paneliner Gray and Blue (AK2072).

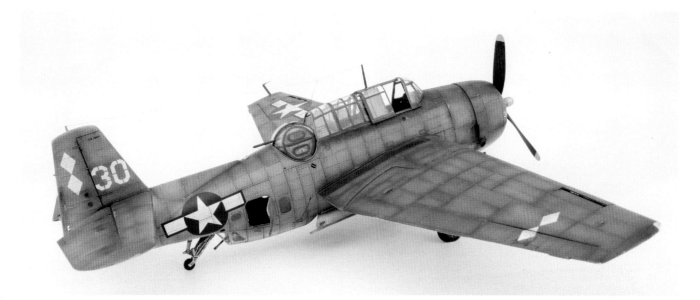

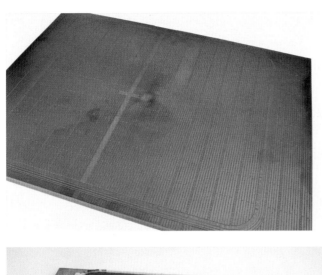
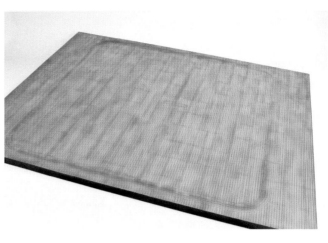

STEP

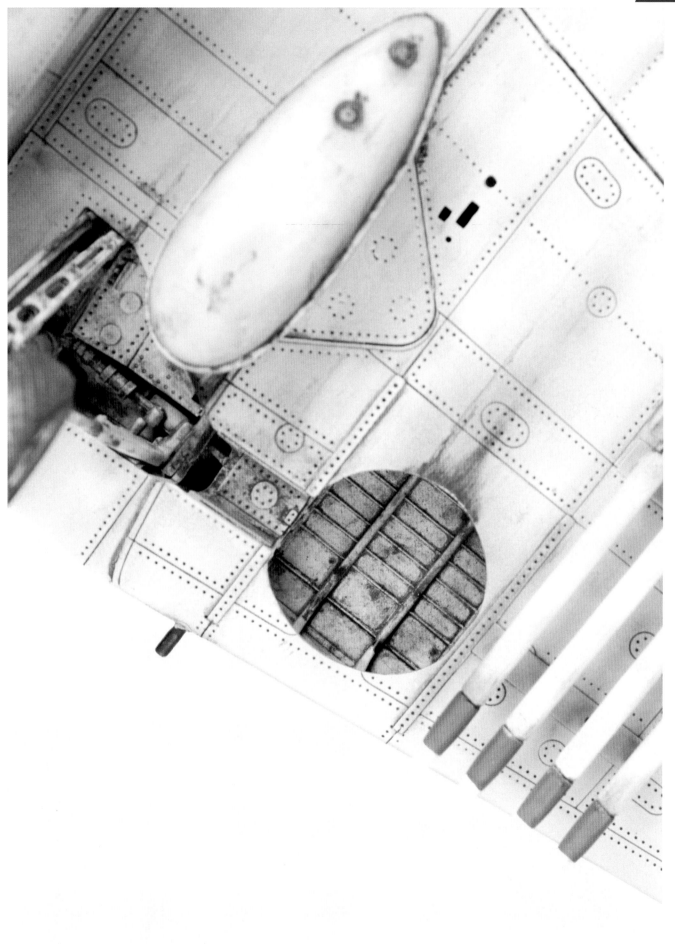

# TBF/TBM-3 "Avenger"

Fot. Tom Żmuda

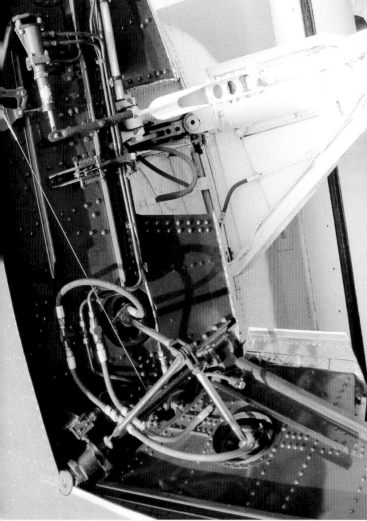

Painted by/ Malował:
**Zbigniew Kolacha**

TBM-3 Avenger coded 310 of VT-84 squadron, USS "Bunker Hill" (CV-17), Task Group 58.3

TBM-3 Avenger nr 310 z dywizjonu VT-84 z lotniskowca USS „Bunker Hill" (CV-17), wchodzącego w skład Task Group 58.3